D1088178

Malala Yousafzai
Activista por la educación

Grace Hansen

BIOGRAFÍAS: PERSONAS QUE
HAN HECHO HISTORIA

Abdo
Kids

ST. JOHN THE BAPTIST PARISH LIBRARY
2920 NEW HIGHWAY 51
LAPLACE, LOUISIANA 70068

abdopublishing.com

Published by Abdo Kids, a division of ABDO, PO Box 398166, Minneapolis, Minnesota 55439.

Copyright © 2017 by Abdo Consulting Group, Inc. International copyrights reserved in all countries.
No part of this book may be reproduced in any form without written permission from the publisher.

Printed in the United States of America, North Mankato, Minnesota.

052016

092016

 THIS BOOK CONTAINS RECYCLED MATERIALS

Spanish Translator: Maria Puchol, Pablo Viedma

Photo Credits: AP Images, Corbis, Getty Images, iStock, Shutterstock,
© User:Alakazou1978 / CC-SA-3.0 p.5, 7, © User:Ziegler175 / CC-SA-3.0 p.5

Production Contributors: Teddy Borth, Jennie Forsberg, Grace Hansen

Design Contributors: Laura Rask, Dorothy Toth

Publishers Cataloging-in-Publication Data

Names: Hansen, Grace, author.

Title: Malala Yousafzai: Activista por la educación / by Grace Hansen.

Other titles: Malala Yousafzai: education activist. Spanish

Description: Minneapolis, MN : Abdo Kids, [2017] | Series: Biografías: Personas que han hecho
historia |

Includes bibliographical references and index.

Identifiers: LCCN 2016934891 | ISBN 9781680807400 (lib. bdg.) |

ISBN 9781680808421 (ebook)

Subjects: LCSH: Yousafzai, Malala, 1997- --Juvenile literature. | Youth--Political activity --Pakistan -
-Biography--Juvenile literature. | Social justice--Pakistan--Biography --Juvenile literature. | Social
justice--Study and teaching--Juvenile literature. | Spanish language materials--Juvenile literature.

Classification: DDC 371.822095491 [B]--dc23

LC record available at http://lccn.loc.gov/2016934891

Contenido

Nacimiento

Malala Yousafzai nació

el 12 de julio de 1997.

Nació en Mingora, Pakistán.

Asia

Pakistán

5

Tradición pakistaní

Por lo general, los niños en Pakistán asisten a la escuela más años que las niñas. El padre de Malala quería que fuera igual para las niñas.

6

7

Igualdad en la educación

El padre de Malala abrió su propia escuela. Tanto los niños como las niñas podían asistir a esta escuela. Malala estudió en esta escuela.

8

Pero en el año 2008 el grupo **talibán** tomó por la fuerza Mingora. Quitó los pocos **derechos** que las mujeres tenían. Las mujeres no podían trabajar ni asistir a la escuela.

Malala contó su experiencia.
Habló de la vida bajo el
régimen de los **talibanes**. Por
eso, el grupo talibán cerró
todas las escuelas de mujeres.

El atentado y la recuperación

Por todas partes la gente apoyaba a Malala. Esto enfureció al grupo **talibán**. El 9 de octubre de 2012 un miembro del grupo talibán disparó a Malala.

14

Se la llevaron a Inglaterra.

Tardó muchos meses en

recuperarse. Malala se quedó

con su familia en Inglaterra.

No era seguro volver a casa.

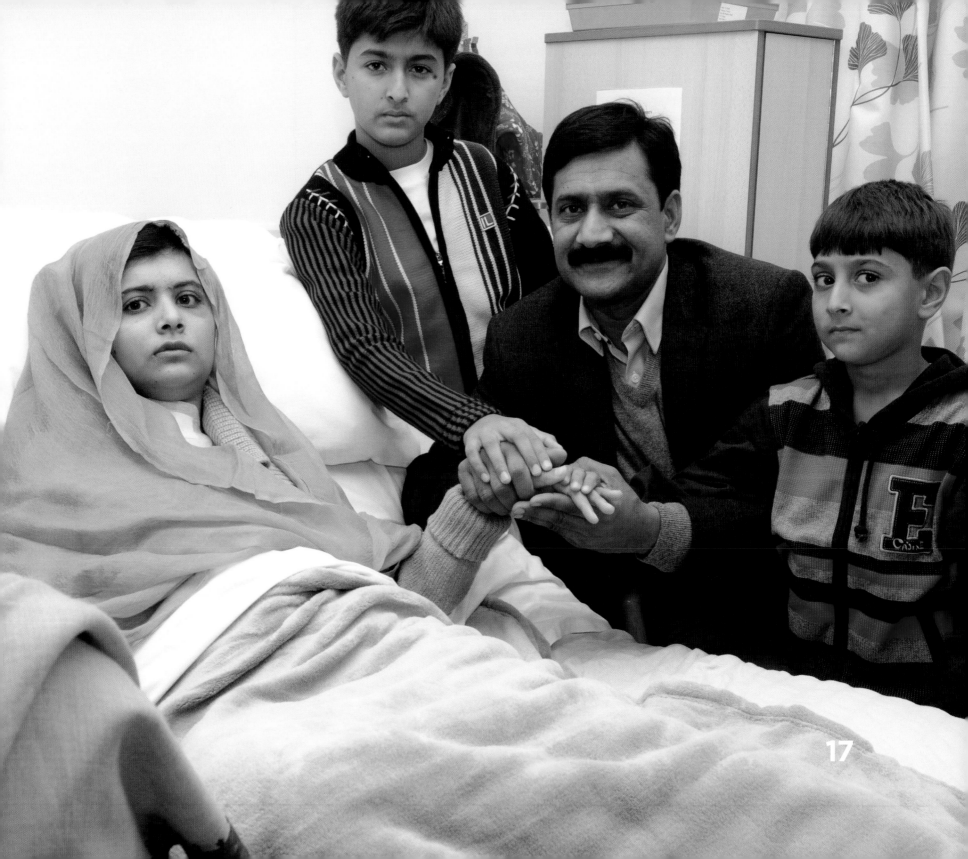

En el año 2013 Malala dio un discurso en las **Naciones Unidas**. Sirvió para atraer la atención hacia la educación a nivel mundial.

Malala hoy en día

Malala quiere que la educación esté al alcance de todos. Está trabajando para ayudar a su país, Pakistán. Gente de todo el mundo la **admira**.

21

St. John the Baptist Parish Library
2920 Highway 51
LaPlace, LA 70068

Línea cronológica

12 de julio
Nace en el pintoresco pueblo de Mingora, Pakistán.

1997

Julio
El talibán toma el gobierno por la fuerza. Destruye muchos edificios de la zona, especialmente las escuelas de niñas.

3 de enero
La primera entrada del blog de Malala aparece en la BBC News. Hablaba de la vida bajo el régimen de los talibanes.

2008

1 de diciembre
El talibán empieza a amenazar a Malala y a su familia.

2009

1 de septiembre
Malala da un discurso titulado: "¿Cómo se atreve el talibán a quitarme mi derecho a una educación?"

9 de octubre
Un miembro del talibán ataca a Malala. Pasa meses en el hospital recuperándose.

2012

2013

8 de octubre
Malala publica un libro contando su historia. Continúa promocionando la igualdad en la educación.

Octubre
Gana el premio Nobel de la Paz. Este premio se da cada año a una persona por promover la paz mundial.

2014

Glosario

admirar – respetar y aceptar a alguien.

BBC – son las siglas en inglés para la British Broadcasting Corporation. La BBC es un conocido servicio de noticias con sede en el Reino Unido.

derecho – lo que una persona puede hacer protegido por una ley.

Naciones Unidas – grupo formado por la gran mayoría de los países del mundo. Se creó en 1945 para promover la paz, la seguridad y la unidad.

talibán – grupo fundamentalista islámico de Afganistán. Hace cumplir estrictamente las leyes islámicas. Es especialmente duro con las mujeres.

23

Índice

abdokids.com

¡Usa este código para entrar en abdokids.com y tener acceso a juegos, arte, videos y mucho más!

Código Abdo Kids:
HMK7037